Giacomo Meyerbeer

Festouverture im Marschstyl

Giacomo Meyerbeer

Festouverture im Marschstyl

ISBN/EAN: 9783743423305

Hergestellt in Europa, USA, Kanada, Australien, Japan

Cover: Foto ©Thomas Meinert / pixelio.de

Manufactured and distributed by brebook publishing software (www.brebook.com)

Giacomo Meyerbeer

Festouverture im Marschstyl

OUVERTURE
EN FORME DE **MARCHE** COMPOSÉE POUR
l'Inauguration de l'EXPOSITION de LONDRES 1862
PAR
GIACOMO MEYERBEER
(A) MARCHE TRIOMPHALE (B) MARCHE RELIGIEUSE (C) PAS REDOUBLÉ.
(A) MARCHE TRIOMPHALE
Tempo di marcia. Allegretto moderato. Metr. ($\, \stackrel{\text{.}}{=} 96$)

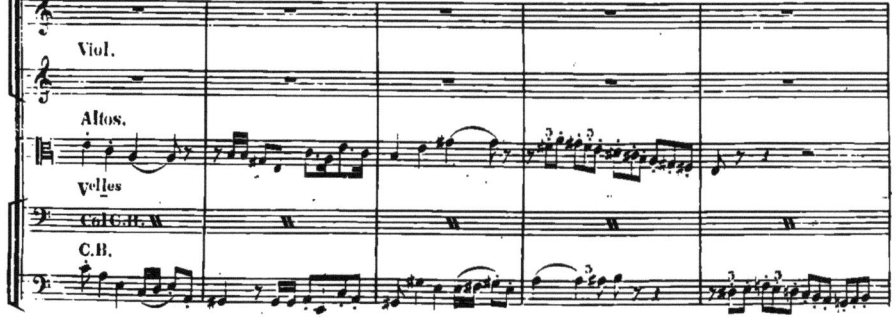

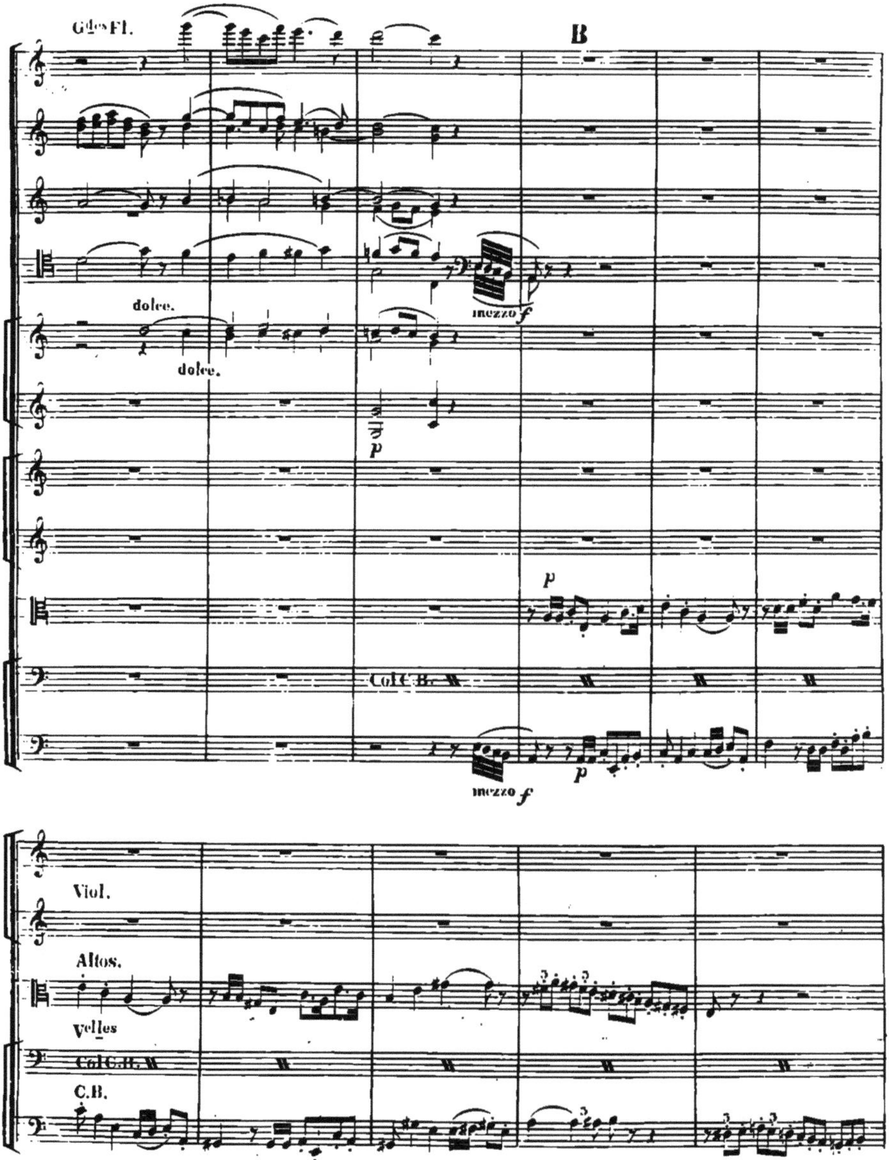
Gdes Fl.
B
dolce.
dolce.
mezzo f
p
p
Col C. B.
mezzo f
p
Viol.
Altos.
Velles
Col C. B.
C.B.

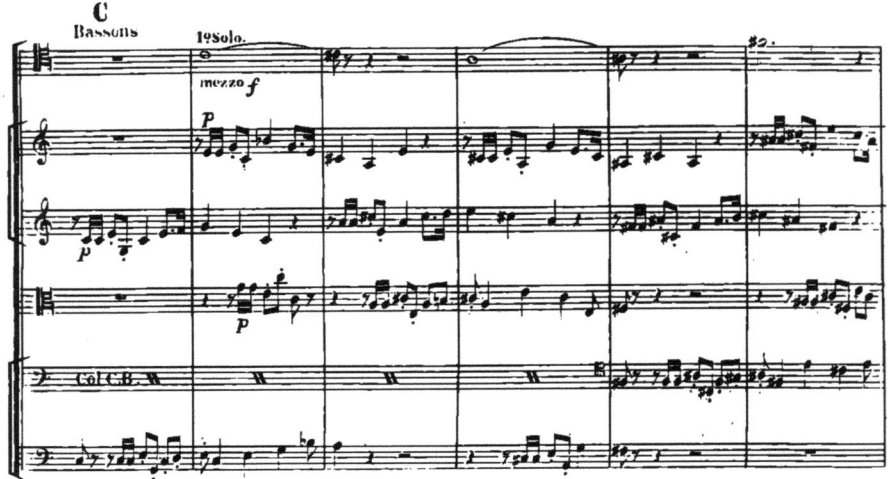

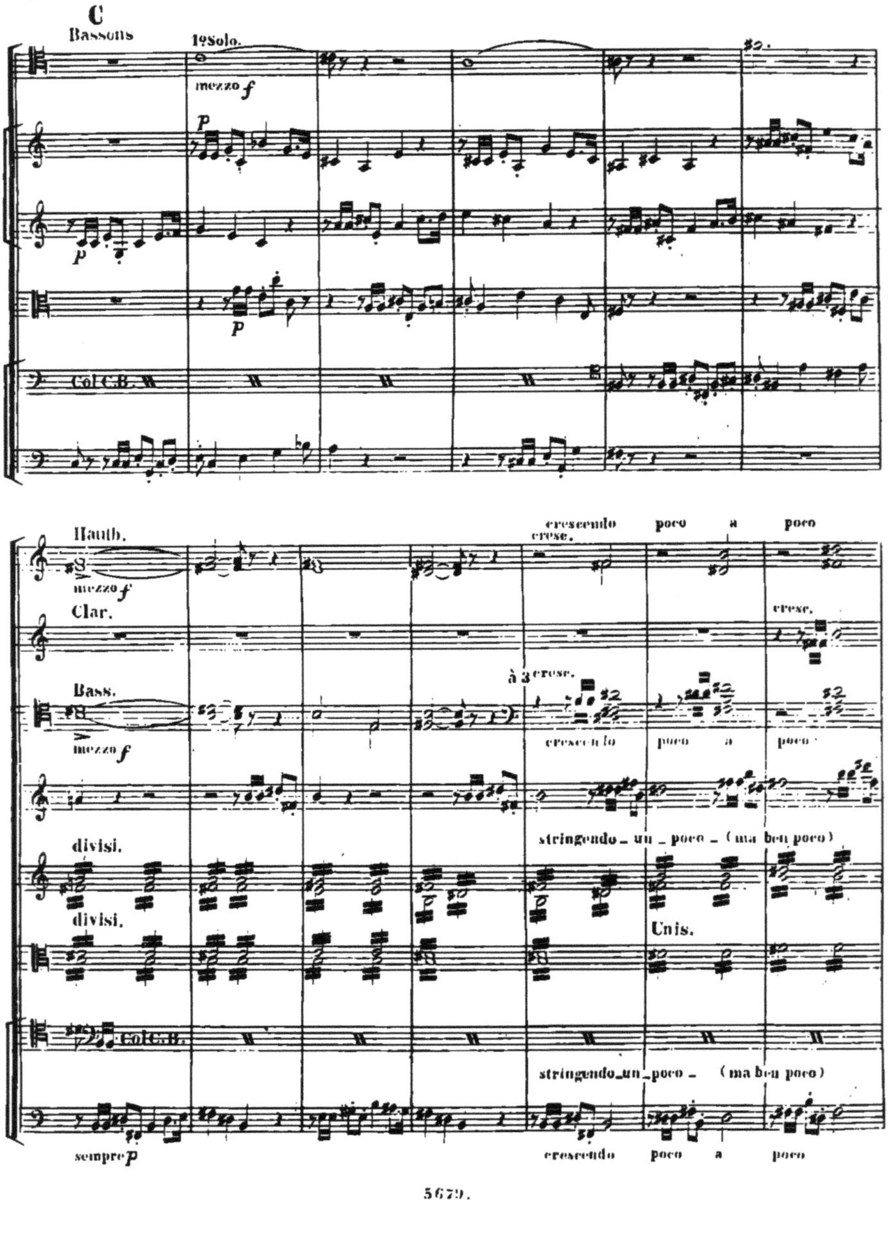
C
Bassons
1º Solo.
mezzo f
p
p
p
Col C.B.
Hauth.
mezzo f
crescendo poco a poco
cresc.
Clar.
cresc.
à 3 cresc.
Bass.
mezzo f
crescendo poco a poco
stringendo _ un _ poco _ (ma ben poco)
divisi.
divisi.
Unis.
Col C.B.
stringendo_un_poco_ (ma ben poco)
sempre p
crescendo poco a poco

18 K

(B) MARCHE RELIGIEUSE.

Andantino quasi Allegretto. (♩ = 60)

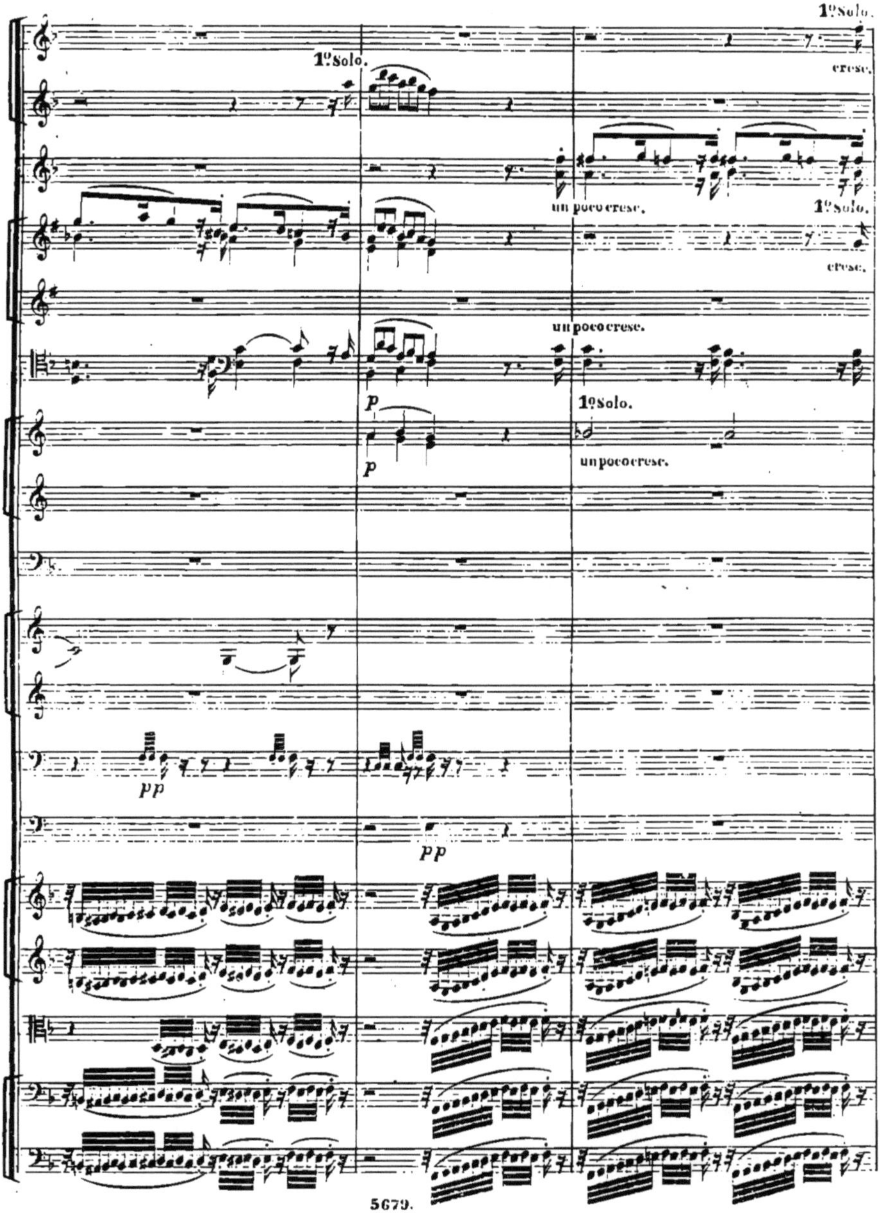
1º Solo.
cresc.
1º Solo.
un poco cresc.
1º Solo.
cresc.
un poco cresc.
p
1º Solo.
p
un poco cresc.
pp
pp

Allegro con spirito. ♩=144 **(C)** PAS REDOUBLÉ.

Clar. en UT.(in C)

Allegro con spirito.

Allegro con spirito.

41

49